Las carreteras forman parte del paisaje

Editorial Gustavo Gili, SL

Rosselló 87-89, 08029 Barcelona, España. Tel. 93 322 81 61
Valle de Bravo 21, 53050 Naucalpan, México. Tel. 55 60 60 11
Praceta Notícias da Amadora 4-B, 2700-606 Amadora, Portugal. Tel. 21 491 09 36

John Brinckerhoff Jackson

Las carreteras forman parte del paisaje

Traducción de Moisés Puente

GG mínima

Título original: "Roads Belong in the Landscape", publicado en Jackson, John Brinckerhoff, *A Sense of Place, a Sense of Time*, Yale University Press, New Haven, 1994, págs. 186-205.

Colección **GGmínima**
Directores de la colección: Carmen H. Bordas, Moisés Puente
Diseño: Toni Cabré/Editorial Gustavo Gili, SL
Revisión de estilo: Sara Sánchez Buendía

Printed in Spain
ISBN: 978-84-252-2403-4
Depósito legal: B. 13.453-2011
Impresión: Gráficas Campás, SA, Badalona

John Brinckerhoff Jackson
Las carreteras forman parte del paisaje
1994

¿Qué fue primero, la casa o la carretera que conduce a la casa? Con su amor por los orígenes y los símbolos, los eruditos medievales pudieron haber batallado con esta cuestión, que finalmente los llevaría a una contrapregunta teológica: ¿cuál de los dos objetos ordenó Dios que *fuera* el primero? Se podría haber argumentado que si Dios hubiera querido que nos quedáramos en casa, que fuéramos sedentarios, que echáramos raíces como granjeros o maridos (una palabra que en inglés, *husband*, en un principio significó 'habitante de una casa'), nos habría mandado que en primer lugar construyéramos una casa. Pero si hubiera querido que estuviéramos siempre de un lado para otro —como cazadores, pastores o peregrinos en busca de una meta difícil de alcanzar—, nos habría ordenado marcar un camino, hacer una carretera y seguirla.

En la época medieval el pasado se veía como una serie de migraciones e invasiones, un vagar interminable sobre la faz de la tierra. Sin embargo, en siglos posteriores más estables, las cuestiones anteriores se interpretaban en términos más prosaicos: lo importante no habría sido necesariamente lo primero, sino aquello que confería poder y prestigio; desde este punto de vista, la respuesta correcta a la mencionada pregunta era la casa. La casa supone mucho más que cobijo; implica un territorio, una pequeña soberanía con sus propias leyes y costumbres, su propia historia y sus propias fronteras celosamente custodiadas. La casa significa familia, dinastía; por modesta que sea, todavía tiene su lugar en la elaborada jerarquía espacial del mundo europeo: reinos, principados, señoríos; la casa viene después.

Comparada con estos atributos —que todavía se veneran—, ¿qué cualidades podía ofrecer la carretera para ocupar el primer puesto? Sin duda desempeñaba un importante papel en nuestras idas y venidas diarias: incluso podría decirse que fue la carretera la que primero nos reunió en un grupo o en una sociedad. No obstante, el objetivo de toda carretera, senda o camino consiste en llevarnos a un destino, y la propia pregunta presupone que a una casa, de modo que la verdadera función de la carretera es servir para llevarnos a casa. Sin un destino concreto, una carretera no tiene razón de ser. Si la dejamos a su aire, tiende a deambular por un entorno más amplio y a desaparecer. También presenta otra tendencia mucho más peligrosa: introducir a forasteros no deseados en la comunidad autosuficiente o casa. Finalmente, la teología entra nuevamente en escena. El primer hombre que se puso en camino fue Caín, el asesino de su hermano, condenado a ser un fugitivo y un vagabundo; Caín fue el primer hombre que construyó una ciudad.

Descalificada por su propia genealogía, superada por el prestigio del espacio privado, durante mucho tiempo la carretera ha sido desatendida por los historiadores y los estudiosos del paisaje: se la descarta por ser un espacio feo, alargado y sinuoso utilizado por comerciantes, ejércitos saqueadores y salteadores de caminos, mientras que la casa (como sabemos por el libro de Joseph Rykwert *La casa de Adán en el Paraíso*)[1] se ha convertido en el símbolo de una simplicidad y una inocencia arcádicas.

Ya no nos molestamos en responder a esa sencilla cuestión, al menos en su forma críptica. Ahora nos interesan menos los orígenes que aquello que viene *después*: concretamente, la relación a lo largo del tiempo entre estos dos rasgos conocidos del paisaje, una relación que nunca ha sido fácil. Justamente ahora estamos saliendo de un período que ha durado siglos en el que la carretera estaba subordinada al lugar y no parecía digna de respeto. En la actualidad, cien años después de la invención del automóvil, la pregunta formulada anteriormente sería contestada en favor de la carretera —o de su versión moderna, la autopista—, que continúa tejiendo una red ajustada e intrincada por todo el paisaje del mundo occidental y que ha engendrado toda una variedad de espacios que se parecen a una carretera: líneas férreas, redes de conductos, líneas eléctricas, líneas aéreas y cadenas de ensamblaje. Ahora la pregunta requiere un tipo de respuesta muy diferente: ¿qué valoramos más, un sentido del lugar o un sentido de la libertad? Aquello que enturbia el debate es la insistencia, por ambas partes, en definir la carretera como elemento perturbador de la paz, como instigadora de un cambio radical: un cambio bienvenido a los ojos del promotor inmobiliario, del ingeniero de tráfico y del reformador urbano; un cambio que destruye la privacidad y que acepta el status quo para el experto en medio ambiente y el aficionado a la historia.

La respuesta surgirá cuando definamos o redefinamos la carretera tal como existe en el mundo contemporáneo, cuando reconozcamos que las carreteras, las calles, los callejones y las sendas ya no pueden identificarse exclusivamente con el desplazarse de un lugar a otro. Cada vez más las carreteras constituyen el escenario de trabajo, de ocio, de relaciones sociales y de agitación. En realidad, para muchos se han convertido en el último recurso de privacidad, de soledad y de contacto con la naturaleza. Las carreteras ya no conducen simplemente a lugares, *son* lugares. Y, como siempre, desempeñan dos papeles importantes: como promotoras del crecimiento y de la dispersión, y como imanes alrededor de los cuales pueden agruparse nuevos tipos de desarrollo. Ningún otro espacio en el paisaje moderno resulta tan versátil.

La odología es la ciencia o el estudio de las carreteras o de los recorridos y, por extensión, el estudio de las calles, las autopistas, las sendas y los caminos, de cómo se utilizan, a dónde conducen y de cómo nacieron. La odología forma parte de la geografía, del planeamiento y de la ingeniería (ingeniería en tanto que construcción y, lamentablemente también, en tanto que ingeniería social); es por esta misma razón por la que la disciplina tiene un futuro brillante. Cuando los arqueólogos descubren un sistema de carreteras precolombino en la selva de América Central y especulan sobre su origen económico o militar, cuando los geógrafos estudian el impacto medioambiental de una nueva autopista en una región aislada y cuando un ayuntamiento decide transformar una calle de doble sentido en una de sentido único, todos ellos están pensando en términos odológicos: en términos de la función de la carretera en cuestión, de su impacto en el paisaje y del tráfico.

Están pensando, pues, de una manera rigurosamente moderna. Únicamente en los últimos dos siglos hemos reconocido el acierto de construir carreteras que perduren, de construirlas para que sirvan a un tipo determinado de tráfico. Cuando aumentó el tráfico comercial de vehículos (a consecuencia de la industrialización) fue cuando pensamos en su ubicación y su posterior mantenimiento. Fue en el siglo XVIII cuando finalmente se elaboró algo parecido a una ciencia de la ingeniería de carreteras y de vías públicas.

Sin embargo, no fue hasta después de la II Guerra Mundial, con el enorme aumento del tráfico pesado de automóviles en todo el mundo, cuando tuvo lugar una nueva fase en la evolución de las técnicas odológicas. La antigua definición decimonónica de carretera —"un paso entre dos lugares, ancho y lo suficientemente nivelado como para dar cabida a vehículos, caballos y personas que viajan a pie"— demostró ser inadecuada. Ahora consideramos la autopista como un elemento esencial en la infraestructura de una nación o de una región, y la solución a los problemas de congestión y deterioro superficial ya no pasa por la construcción de más autopistas (cada vez más costosas), sino que pasa por el uso controlado y eficiente de las que tenemos.

En consecuencia, la odología contemporánea supone mucho más que métodos mejorados de construcción y mantenimiento; crea nuevos sistemas de control de tráfico, redes viarias distintas para diferentes tipos de tráfico, mayor control sobre los márgenes de las vías y sobre las áreas urbanas que las circundan, peajes más caros; y pronto podríamos llegar al extremo de que en el diseño y la ubicación de carreteras en áreas metropolitanas demos prioridad a los factores odológicos sobre los medioambientales.

No siempre damos crédito a cómo el ciudadano estadounidense motorizado —personas que viajan diariamente a su puesto de trabajo, turistas o camioneros— ha aceptado la nueva odología, a cuán dóciles hemos sido al asimilar la definición científica de la autopista como un sistema autoritario controlado que, por sus ventajas económicas, tiene un flujo regular e ininterrumpido. En pocas décadas hemos aprendido a dejar de lado nuestras actitudes tradicionales respecto a la carretera y a adoptar nuevos modos de conducción, nuevas maneras de manejarnos con el tráfico y todo un nuevo código de conducta y de normas para circular; hemos aprendido a aceptar sin cuestionarlo un vasto y creciente conjunto de decretos que vienen indicados en las señales de tráfico, luces, símbolos e inscripciones en la propia calzada. Hemos aprendido a conducir a la defensiva, a burlar los atascos y a los policías. También hemos aprendido a sacar provecho de la proliferación de negocios y lugares de ocio que giran alrededor de la autopista y a descubrir el goce de la velocidad, de ver cómo el paisaje pasa ante nosotros con una rapidez inhumana. Nos hemos vueltos tan sumisos que los odólogos radicales se ven animados a proponer más controles electrónicos en el interior de nuestros vehículos, más restricciones al uso que hacemos de la autopista, más impuestos y más peajes.

Este es el precio que pagamos por el flujo regular e ininterrumpido, y no cabe duda de que se trata de un precio razonable. Sin embargo, los odólogos parecen olvidar —y también nosotros mismos a veces— que la carretera sirve para satisfacer otras necesidades. Durante incontables milenios hemos viajado a pie por caminos agrestes y carreteras extremadamente impredecibles, no como simples buhoneros, personas que viajan diariamente a su puesto de trabajo o como turistas, sino como hombres y mujeres para quienes el camino o la carretera significaba alguna experiencia intensa: libertad, nuevas relaciones humanas, una nueva conciencia del paisaje. La carretera ofrecía un viaje a lo desconocido que podía acabar permitiéndonos descubrir quiénes éramos y a dónde pertenecíamos.

La autopista desempeña un papel fundamental en nuestras vidas cotidianas; incluso durante los disturbios que se produjeron en Los Ángeles en 1992 se respetaron los semáforos en rojo: representaban un orden que trascendía el orden político o económico. Sin embargo, debemos reformular la definición tecnológica actual de la odología para que esta reconozca la experiencia *privada*. Todavía estamos a tiempo.

Edgar Anderson fue un eminente botánico conocido por su investigación sobre el origen de muchas plantas cultivadas del Nuevo Mundo y su difusión por toda la América anterior a la conquista. En 1967 publicó el libro *Plants, Man, and Life*, un relato escrito de manera informal sobre sus teorías y sus viajes botánicos a México y Guatemala, donde se narra la compleja historia de la domesticación de las plantas y de cómo nuestro paisaje se ha transformado por la migración de muchas plantas salvajes y cultivadas procedentes de Europa, aunque en la mayor parte de los casos su hábitat originario había sido Asia Central hace miles de años.

"Tomemos la imagen otoñal del centro y del este de Estados Unidos, aproximadamente en la zona que va desde Boston y Filadelfia hasta Mineápolis y Kansas City. En toda esta zona, el verde en el paisaje otoñal constituye una medida de la influencia europea. Los verdes pastos y los bordes de las carreteras, los árboles verdes de huertos y parques, todos esos verdes nos han llegado de Europa. Nuestra flora autóctona se reproduce gracias a nuestro violento clima norteamericano y entra en estado invernal con éxito. Las hojas se marchitan rápidamente, se caen en poco tiempo, congeladas o no [...]. Los árboles y pastos europeos cambian de color de una forma suave y lenta, si es que cambian; nuestros pastos autóctonos tienen un color tan fuerte como nuestros árboles autóctonos [...]. Si quieres saber qué parte del paisaje en el que pasas tus días es auténticamente americano, observa los alrededores de tu ciudad a mediados de otoño. A medida que el hombre se desplaza por la tierra, lleva consigo su propio paisaje, sea consciente o inconscientemente." [2]

Fue su inagotable curiosidad por el paisaje cotidiano de maizales y patios traseros, de los márgenes de las carreteras, los riachuelos y los campos abandonados de la campiña lo que Edgar Anderson comunicaba a sus lectores y estudiantes. Más tarde contó cómo había dejado de dar sus clases de botánica para investigar la vida de las plantas en "montones de basura y en callejones [...]. Estudiamos las malas hierbas, ailantos y girasoles, en las playas de vías férreas y la lechuga silvestre en los solares vacíos. Algunos de nosotros estamos comenzando a aceptar gradualmente que el hombre, con sus propias limitaciones biológicas, forma parte real de la naturaleza. Por el tiempo que empleábamos, la ecología de los montones de basura tenía que ser más gratificante que la de las praderas de las Grandes Llanuras [...]. En el montón de basura el *homo sapiens* es el más poderoso de todos los organismos, por sus efectos primarios y secundarios sobre el paisaje sujeto a análisis". [3]

Anderson fue un botánico especial: un etnobotánico, alguien que estudia la relación entre
las plantas y los seres humanos. Lo que nos
cuenta la etnobotánica acerca de los experimen-
tos más tempranos del hombre en la agricultura
ofrece un nuevo enfoque sobre la naturaleza.
Que Estados Unidos se haya interesado por la
naturaleza verde en ciudades y granjas es algo
que puede atribuirse ampliamente a la influencia
de los textos y conferencias de Anderson.

La revista *Landscape*, que yo mismo empecé a
publicar en 1951, también está en deuda con
Anderson. Cuando era una pequeña publicación,
con un mensaje todavía por definir y casi completamente desconocida, Anderson se ofreció gene-
rosamente a escribir unos breves ensayos de
manera esporádica para la revista. Se convirtió en
nuestro primer colaborador de renombre. También
proporcionó a la revista algo parecido a una política, un punto de vista: una versión humanizada
de la preocupación vigente por el entorno natural,
una especie de "etnoambientalismo" interesado
en la exploración y el descubrimiento del paisaje
humano ordinario de Estados Unidos, incluidas
todas las modificaciones, los cambios y la des-
trucción producidos por el hombre. En realidad

18

Anderson fomentó un examen crítico del fanatismo medioambiental y expresó su profundo desacuerdo con "los Henry David Thoreau *amateurs* y los naturalistas profesionales de nuestra cultura [quienes] han hecho que la apreciación de la naturaleza en Estados Unidos haya alcanzado la categoría de fenómeno de masas, casi de religión, pero al mismo tiempo rechazan aceptar al hombre como parte de la naturaleza [...]. Ellos son la fuente principal y última de nuestro axioma tácito de que las ciudades son algo de lo que hay que huir, de que la interacción armoniosa del hombre y otros organismos solo puede hacerse realidad en el campo".[4]

Uno de los primeros ensayos publicados en la revista *Landscape* consistió en una evocación nostálgica del paisaje de juventud de "caballos y carretas" del propio Anderson: una descripción de las imágenes y los sonidos que en su momento formaron parte de un viaje lento por la campiña rural, en un tiempo en el que las carreteras estrechas y sin clasificar eran poco más que sendas que atravesaban campos y arboledas. De hecho, gran parte de la investigación de Anderson sobre la botánica de hábitats alterados se centraba en la vegetación de las cunetas. Una de sus plantas favoritas era el girasol común, que tenía varias características atractivas. Se trataba de uno de esos organismos a los que Anderson llamaba "acompañantes":[5] plantas y animales, no siempre domesticados, que por alguna buena razón escogían vivir cerca de los humanos y seguirlos en sus desplazamientos a otros lugares: malas hierbas e insectos, ratas y ratones (y ahora podrían incluirse los mapaches, los ciervos y toda una serie de pájaros), así como plantas menos entrometidas como la margarita, la aquilea, el ranúnculo y la plantaina. A todas ellas, y a muchas otras más, se las ha asociado con hábitats humanos, empezando por el remoto Neolítico, cuando las primeras margaritas comenzaron a transformar la superficie de la tierra.

La segunda característica atractiva del girasol es que se trata de la única planta domesticada que existía en tiempos precolombinos en el territorio que hoy ocupa Estados Unidos. Esto quiere decir que, desde un punto de vista etnobotánico, se trata de una planta muy adecuada para el estudio. Teniendo los suficientes datos botánicos, antropológicos e históricos, podemos averiguar cuándo y dónde se domesticó el girasol por primera vez, y cómo más tarde se convirtió en una "acompañante", una planta que prefiere el sol directo y normalmente los terrenos que han sido alterados o modificados (aunque no siempre) por el hombre.

"¿Por qué es así? —se preguntaba el propio Anderson—, ¿por qué la presencia del hombre estimulaba a sus compañeros vegetales y animales a que mejoraran su actividad evolutiva?" Anderson sugiere que a los girasoles, como a otras plantas "acompañantes", no les gusta la hierba o la turba. "Parece que no toleran competir con otro tipo de plantas, en particular la hierba […]. No es que los girasoles no aprecien el buen suelo […]. Se encuentran en el suelo más pobre solo porque allí pueden escapar de la hierba".[6] La explicación más probable es que los girasoles desarrollaron su preferencia en tiempos históricos; cuando el hombre del Neolítico comenzó a excavar, quemar y arar la tierra, creó a propósito un nuevo microentorno, un entorno donde el suelo se encontraba despejado y desnudo y del que, de repente, se eliminó toda la vida vegetal existente. Por supuesto, esto es cierto para todos los campos arados, pero esta preferencia de muchas de las plantas "acompañantes" por los espacios abiertos y desnudos y su ausencia en las praderas o pastos vecinos constituye un claro ejemplo de cómo el hombre no solo ha destruido algunos ecosistemas, sino que también ha facilitado otros *nuevos*.

¿Cuáles fueron las consecuencias de dicha intervención humana? Fundamentalmente permitió el desarrollo o la evolución de otras especies de plantas. "La vegetación autóctona [en lugares intactos] —dijo Anderson en la conferencia sobre 'El papel del hombre en el cambio de la faz de la tierra', en 1975— tiene una larga evolución de adaptación mutua. Las plantas y los animales fueron gradualmente seleccionados para adaptarse a convivir unos con otros como piezas de un enorme rompecabezas. Solo cuando el hombre, o algún otro agente perjudicial, altera todo este rompecabezas, cabe la posibilidad de que en algún lugar pueda adaptarse algo nuevo. Si [en el lugar inalterado original] aparece una variante radical, se expulsa antes de que alcance su madurez. Sin embargo, en un entorno radicalmente nuevo, puede darse la oportunidad de que algo nuevo sobreviva. Además, los híbridos y sus descendientes cruzados no son algo nuevo; varían mucho entre sí. Si uno de ellos no se adapta al nuevo hábitat, otro puede hacerlo."[7]

No todas las plantas (ni todos los animales o insectos) se adaptarán a dichos entornos abiertos como vertederos, terraplenes de autopistas o ciudades seriamente dañadas, o incluso arriates bien cuidados. "La planta tipo —sostiene Anderson al debatir sobre los intentos de plantar flores ornamentales en los bordes de las carreteras— es terriblemente melindrosa acerca de dónde y cuándo prenderá […]. Se ha seguido trabajando sobre los límites precisos de temperatura y humedad de algunas plantas, pero nunca se ha estudiado con anterioridad, excepto de manera preliminar en algunas especies, el complicado asunto de qué plantas tolerarán o no como vecinas, y bajo qué condiciones."[8]

La aparentemente casual concentración de ciertas plantas en zonas de suelo alterado nos ofrece una guía valiosa para cualquier programa de gestión o transformación de la cubierta vegetal de un nuevo entorno, y en todos sus escritos Anderson ha subrayado un mensaje: el hombre es un creador de nuevas plantas y de nuevas comunidades de plantas. "El estudio detallado de este proceso debería arrojar luz sobre el curso de la evolución en épocas anteriores al hombre […] y, lo que es más importante, nos debería permitir al menos entender, y finalmente controlar, el mundo vivo que nos rodea".[9] Solo cuando reconozcamos el papel que hemos desempeñado y que seguimos desempeñando cuando aramos un campo, creamos un jardín, protegemos una especie en peligro o construimos una carretera, adquiriremos una mayor conciencia de nuestra relación con el entorno vegetal.

Sin embargo, en realidad mucho antes de que el hombre apareciera en escena, toda la faz de la tierra habitable estaba marcada y entrecruzada por los caminos, pistas y sendas hechas por los animales. Algunos conducían a charcas, a salegares o a superficies de pasto comestible; algunas eran largas rutas para migraciones anuales y otras habían sido creadas por animales en busca de otros animales a los que matar y comerse. Bien estuvieran en el bosque, en los pastos o en el desierto, todos los caminos eran llanos, estaban limpios de vegetación y evitaban los obstáculos y el terreno inseguro siguiendo un trazado serpenteante.

Hace unos dos millones de años, un homínido parecido a un simio comenzó a bajar de su hábitat, los árboles del bosque, para dar pasos que tanteaban el pasto abierto y para utilizar los caminos existentes. Era pequeño, no llamaba la atención y sobrevivió a base de buscar alimentos; sin embargo, el modo como se movía y su reacción ante la presencia de otras criaturas lo distinguían como un ser claramente diferente.

Anteriormente se habían producido extraños cambios en su anatomía de simio. Sus brazos largos y colgantes se acortaron, y sus manos desarrollaron un pulgar potente y versátil. Mientras que los pies de los simios eran planos e inadecuados para una posición erguida prolongada, los pies de este homínido adquirieron un arco que le permitió mantenerse erguido y caminar con mayor equilibrio y confianza. Y, lo que resulta más importante, sus ojos, que anteriormente enfocaban a aquello que tenía a cada lado, se centraron en lo que tenía delante; dotados los ojos con estereovisión, le permitieron ver un amplio segmento del mundo que le rodeaba.

Finalmente, se convirtió en un hábil fabricante de utensilios y en un cazador eficaz. Al contrario que otros animales, desarrolló necesidades: necesitaba ciertas piedras para producir utensilios y armas, ciertos tipos de madera y almacenar y esconder ciertos objetos para su uso futuro; todo ello le llevó a emprender la construcción de sus propios caminos, a menudo en zonas remotas. Al final, en su entorno conocido quedaron marcados una serie de lugares especializados asociados con algún recurso, un acontecimiento o un recuerdo. Podría decirse que desarrolló un sentido del territorio, un protopaisaje que proteger.

Nuestra generación ha asistido a un crecimiento notable del interés científico por la evolución mental del hombre primitivo. Aunque todavía queda mucho que aprender acerca de su evolución anatómica y de su adaptación al entorno natural, cada vez nos hacemos más preguntas acerca de su desarrollo intelectual y espiritual: ¿cuándo y cómo adquirió el ser humano una conciencia matemática, una conciencia de que el tiempo y el espacio podían medirse?, ¿cuándo desarrolló por primera vez un gusto por el ornamento?, ¿cuándo se convirtió en artista? Estas preguntas pertenecen a los ámbitos de la psicología, la filosofía, la teoría del arte y la sociología, y ya estamos empezando a obtener respuestas.

¿Puede la odología servirnos de ayuda? La mayor parte de los animales confía en su sentido del olfato para guiarse por los caminos y para identificar al resto de su propia especie y a su territorio. Pero el hombre primitivo y nosotros, sus sucesores, reconocemos a las personas y las clasificamos por su apariencia, y empleamos nuestro sentido de la vista para encontrar nuestro camino. Lo que detectamos del transeúnte es su postura, su modo de andar y su reacción ante la presencia de otros. Puesto que este tipo de contacto con extraños normalmente se produce en una zona pública, la carretera o el camino se convierten en el primer y más básico espacio público. Además, para cada uno de nosotros se vuelve importante, ya que constituye el lugar donde a su vez nos ven, el lugar donde "mostramos nuestra mejor faceta" y pensamos en cómo nos presentamos. Tampoco esta conciencia se limita al individuo. Cuando la destreza en el andar —y otras formas de actividad pedestre— se estandariza y se somete a una evaluación estética, se desarrolla toda una serie de disciplinas de grupo: los bailes, las carreras, las competiciones atléticas, las procesiones y los desfiles que pasan a convertirse en impresionantes despliegues de disciplina colectiva que la comunidad ve con orgullo. De este modo, una definición más amplia de odología, como, entre otras cosas, el estudio de nuestra reacción ante el movimiento a lo largo de un camino señalado, puede ayudarnos a entender el desarrollo social y estético del hombre primitivo. También puede reintroducir la respuesta humana y emocional ante cualquier viaje que emprendamos, incluso si este se efectúa en una autopista.

Una de las razones por las que hemos desatendido el papel psicológico y cultural de los caminos prehistóricos es que dichos caminos son difíciles de localizar. Pasados uno o dos siglos, o incluso después de un año, tienden a desaparecer, y en algunas partes del mundo el arado, la construcción y la pavimentación constantes los han cubierto o transformado hasta hacer imposible reconocerlos.

Además, está claro que cualquier senda que pudiera haber existido se volvió obsoleta hace muchos siglos por la construcción de unas carreteras lo suficientemente amplias y llanas para los carromatos. El uso de la rueda se generalizó hace unos cinco mil años en lo que ahora es el sur de Irak. Pronto se inventaron el carromato y el carro de guerra y, al enjaezarse a un caballo o a un buey domesticado, cambió el modo de viajar y de vivir del hombre. Los carromatos que transportaban la producción procedente del campo fomentaron el crecimiento de villas y ciudades y abrieron regiones remotas a la explotación comercial. El carro de guerra tirado por caballos hizo que la conquista de países extranjeros fuera una empresa más fácil. Los senderos rurales que daban servicio a comunidades pequeñas, y a veces primitivas, dejaron de tener un papel histórico. Su obsolescencia marcó el comienzo de la historia moderna occidental basada en la urbanización, la expansión imperialista, el comercio continental y la difusión de la agricultura.

Los historiadores y los estudiosos de la Europa pretecnológica ignoraron en gran parte el hecho de que el modo de vida pedestre había durado cientos de miles de años y había conformado nuestras ideas de comunidad, del tiempo y del espacio y nuestra relación con el entorno; incluso después de la llegada del sistema de carreteras y de los gobiernos centralizados, este modo de vida siguió existiendo en muchas sociedades del Viejo Mundo hasta bien entrada la era moderna. La evolución del paisaje del Viejo Mundo y de la civilización clásica solo puede entenderse otorgando prioridad a la carretera de vehículos y el Estado centralizado: aquello que había antes no tiene más que interés arqueológico.

Sin embargo, sucede que desde los tiempos (hace treinta mil años) en que los primeros colonos llegaron desde Asia hasta principios del siglo XVI, el hemisferio occidental produjo una serie de culturas determinantes y duraderas que no tenían vehículos con ruedas ni bestias domesticadas de carga o de tiro. Cuando finalmente se construyeron carreteras cimentadas con una técnica superior a la de la Roma imperial, aquellas carreteras (de uso completamente pedestre) fueron en esencia la última fase en el desarrollo del camino. De este modo, si queremos trazar la evolución del camino prehistórico y su impacto en la cultura, el lugar por donde deberíamos empezar es el Nuevo Mundo. Tenemos la suerte de haber conservado una gran cantidad de zonas, tanto en Sudamérica como en América Central, incluso en Estados Unidos, donde persiste el modo de vida pedestre, donde el recuerdo del camino todavía sigue vivo, en especial entre las comunidades indias del suroeste del país.

Estamos aprendiendo a visualizar la Norteamérica precolombina de una nueva manera, quizás más precisa, a como lo hicieron las generaciones anteriores. Los escritores decimonónicos describían la zona entre el océano Atlántico y el Misisipi como un enorme bosque impenetrable habitado por indios nómadas dispersos. La reciente conmemoración de la llegada de Cristóbal Colón al Nuevo Mundo hace cinco siglos ha provocado que muchos historiadores y geógrafos vuelvan a examinar las pruebas de cómo eran los paisajes del este, del sur y del medio oeste de Estados Unidos. El panorama de aquello que los antropólogos llaman la América de bosques y praderas que se nos presenta ahora es la de un paisaje con enormes zonas agrícolas: un paisaje predominantemente boscoso, pero con regiones a lo largo de la costa, desde el estado de Maine al de Carolina del Norte, con aldeas con casas, jardines y campos de labor en medio de un bosque que se parece a un parque, con una red de caminos y sendas muy transitadas. Se trataba de un paisaje, de algún modo, similar al del noroeste de Europa de principios del siglo XVII, antes de que las carreteras y los vehículos rodados se hubieran convertido en algo de uso común.

En 1535, Jacques Cartier visitó un poblado indio cerca de la actual Montreal, y escribió que "a medida que nos adentrábamos encontramos el camino tan transitado y frecuentado como pueda estar el más bonito y mejor campo que probablemente pueda verse, lleno de robles tan considerables como los que hay en cualquier bosque de Francia [...]. Cerca de una milla y media más allá empezamos a encontrarnos con excelentes y grandes campos, llenos de tanto maíz como el campo puede producir".[10] El poblado indio era tan grande e impresionante que Jacques Cartier lo llamó ciudad.

Otros viajeros de principios del siglo XVII informaron acerca de paisajes parecidos en los estados de Massachusetts y Virginia, e incluso en el de Florida, y durante un breve período de tiempo fue como si el Viejo y el Nuevo Mundo compartieran una antigua tradición, una de cuyas características era el modo de vida pedestre. Sin embargo, en menos de un siglo esta ilusión había desaparecido por completo: el paisaje agrícola de los indios se había despoblado y el paisaje rural contemporáneo en Europa estaba siendo transformado por las carreteras y por un tráfico creciente de carruajes y carromatos. Cuando el Estados Unidos boscoso del este fue invadido por los colonos procedentes de Francia e Inglaterra, los caminos creados por los agricultores y cazadores indios fueron absorbidos por los recién llegados, y empezaron a utilizarlos de la misma manera que los utilizaban en sus tierras natales. Finalmente, los caminos se convirtieron en rudimentarias carreteras para carros, carromatos y hombres a caballo, y cada vez fueron menos transitados por los indios; no obstante, algunos sobrevivieron y acabaron por adquirir cierto valor pintoresco. De joven, Nathaniel Hawthorne escribió un ensayo nostálgico acerca de la desaparición de los senderos indios. "El sendero del bosque pisado por los zapatos con tachuelas de aquellos corpulentos ingleses —se lamentaba— tiene una cualidad que nunca hubiera adquirido con el paso ligero de cien mocasines más".[11] La novela de James Fenimor Cooper *El buscador de pistas*[12] celebraba un tipo diferente de camino. Los historiadores locales de todo el este de Estados Unidos intentaron localizar y trazar los restos de una red de caminos que un historiador decimonónico, con cierta exageración, describía como una extensión que abarcaba desde la punta sur de Patagonia hasta la tierra de los esquimales.

Uno de los más prolíficos estudiosos de los caminos de los indios fue el geógrafo Archer Butler Hulbert. Hulbert continuó produciendo libros y artículos sobre las carreteras y los caminos históricos del este de Estados Unidos hasta su muerte en 1920, y en 1902 publicó los dos volúmenes de *Indian Thoroughfares*.[13] Sus estudios se restringían a los caminos del Estados Unidos boscoso y se interesó principalmente por los factores climáticos y topográficos que determinaban su ubicación; sin embargo, en el trascurso de sus investigaciones reunió mucha información poco conocida.

La tesis base de Hulbert consistía en que muchas de las sendas más transitadas por los indios en origen fueron hechas por los bisontes. La imaginación popular todavía asocia el bisonte a las Grandes Llanuras al oeste del Misisipi, pero en realidad en su momento se extendían por todo el territorio que hoy ocupa Estados Unidos, adentrándose en México y en Canadá. Bien entrado el siglo XVIII los bisontes eran abundantes en el Medio Oeste, en especial en los estados de Kentucky, Tenesí y Ohio, y la primera descripción registrada de un bisonte en las colonias data del siglo XVII, en el estado de Virginia. Las amplias sendas producidas por estos animales que se movían en columnas de a cuatro sirvieron para abrir el Medio Oeste a los colonos blancos a través del paso de Cumberland y cruzar el estado de Nueva York, un paso conocido como el "camino de los bisontes".

Aunque para sus idas y venidas diarias los indios del bosque utilizaban sendas más estrechas y cortas que ellos mismos habían creado, para sus viajes de larga distancia e interregionales dependían de las sendas trazadas por los bisontes. En general, los indios precolombinos se movían mucho y estaban constantemente en marcha en calidad de comerciantes, cazadores, nómadas o viajeros curiosos. Siempre a pie, nunca presionados por el tiempo y cargados con escasas posesiones, algunas tribus del este de Estados Unidos viajaban a las Black Hills de Dakota del Sur, y en el oeste los indios viajaban cientos de millas para conseguir mantas de los indios pueblo. En el siglo XVIII, un francés que viajaba por Guyana observó con sorpresa cómo los lugareños recorrían cien o doscientas leguas "simplemente para traer de vuelta una hamaca o asistir a una danza". Un inglés, que fue capturado por un grupo de indios sureños y obligado a permanecer con ellos durante varios meses, contaba cómo estos se desviaban fácilmente de su itinerario planeado: daban un rodeo de un día para visitar a una tribu amiga y, entonces, siguiendo un impulso repentino, asaltaban un poblado indefenso. La posibilidad de comerciar con otro poblado alejado doscientas millas del recorrido, y más tarde la oportunidad de presenciar una ceremonia de la que habían oído hablar, pero que nunca habían presenciado, prolongaba su viaje un mes más.[14] De este modo, muchos indios precolombinos disfrutaban viajando, incluso a pie, por sendas desconocidas y a veces primitivas.

Hulbert intentó clasificar estas sendas por sus funciones. Enumeró la senda local o del poblado, la senda que conducía a las tierras de labranza, aquella que llevaba al mundo exterior —quizá una senda de bisontes— y, finalmente, las sendas de guerra. A excepción de este último caso, todas las sendas eran similares en lo que se refería a su carencia total de cualquier atisbo de construcción o mejora. Serpenteaban por entre el bosque o por la pradera para evitar obstáculos y terrenos inseguros. Atravesaban arroyos en su parte más angosta sin importarles su grado de desvío. Cuando un sendero se veía obstruido por un desprendimiento de rocas o por la caída de un árbol, se rodeaban y nadie los despejaba. En invierno, una senda seguía la cresta de unas colinas por donde hubiera menos arbustos y por donde la nieve se hubiera ido con el viento. Ninguna señal indicaba que una senda estaba cerrada o abandonada. A pesar de la leyenda popular, nunca ninguna senda india fue marcada para el beneficio de los viajeros. La práctica de prender fuego a árboles se limitó a los pioneros blancos. Los indios nunca sabían qué dirección tomar ni eran capaces de encontrar el camino por sí solos.

El único sendero modificado para adaptarse a su tránsito era el camino de guerra. Utilizamos estos términos como una figura retórica puesto que en todos los bosques precolombinos no había más de cuatro caminos de guerra reales que conducían desde el territorio de una tribu o confederación al territorio de un enemigo acérrimo; como caminos permanentes diseñados para ese único propósito, todo el mundo los temía y evitaba. Hulbert describe un camino de guerra típico como "una senda más profunda, más ancha y más firme que cualquier otra vía india, flanqueada por miles de escondites secretos y alineada por una larga sucesión de lugares abiertos donde las facciones beligerantes acostumbraban a acampar". Tan pronto como una tribu o comunidad había decidido ir a la guerra, el camino se convertía en el escenario de ritos y danzas, y los participantes experimentaban un cambio de estatus convirtiéndose en guerreros sujetos a un nuevo tipo de disciplina y de magia. Uno de los primeros exploradores del estado de Virginia escribió que "cuando iban a la guerra llevaban consigo su ídolo, a quien pedían consejo, como acostumbraban a hacer los romanos con el oráculo de Apolo. En su marcha hacia la batalla, cantaban canciones en lugar de tocar tambores y trompetas, y sus guerras eran muy crueles y sangrientas".[15]

Las dimensiones y el trazado de los caminos de guerra indican claramente que las sociedades indias sabían cómo proyectar y construir carreteras y espacios artificiales, pero que solo los construían para acontecimientos colectivos significativos, ya fueran religiosos o ceremoniales. Por ello, la carretera cuidadosamente estudiada y construida con una anchura y un firme uniforme y con un trazado recto, que no tiene en cuenta la topografía, bien puede haber tenido su origen no en la presión comercial, sino en los ritos religiosos. El camino de guerra, que efectivamente conducía al sacrificio y a la guerra, posiblemente pudo haber sido el ejemplo norteamericano más temprano de la carretera formal y planificada común en otras regiones de la América precolombina.

Hulbert no dice nada acerca de ninguna senda con una relación religiosa o sagrada, aunque sería difícil encontrar una sociedad primitiva, tanto en el Nuevo como en el Viejo Mundo, que no celebrara algún camino particular por ser el utilizado por sus lejanos ancestros en el curso de sus viajes legendarios. Hace medio siglo, los indios pies negros todavía mostraban la senda que bajaba desde Canadá a lo largo de las montañas Rocosas, una vía que anteriormente habían recorrido sus antepasados y que ellos mismos habían utilizado. Para los indios pueblo, su historia mítica consistía en poco más que la crónica del desplazamiento continuo de un lugar o una aldea a otro. Para sus descendientes, volver sobre los pasos de esa travesía, transitar el mismo camino, se consideraba un acto piadoso, una manera de volver a los orígenes sagrados. En todo el mundo primitivo pedestre, el camino tiene su origen en el momento en que algún héroe se aventura por el matorral o el bosque, por lugares por donde nadie antes había estado. El héroe se convierte en benefactor público, y cuando otros siguen sus pasos el camino se abre a un mundo nuevo: conduce a la primera aldea, a la primera cacería, a los altares ancestrales y a las tierras prometidas, a la guerra y a las nuevas visiones de la naturaleza. El camino está tan imbricado en la existencia que finalmente se convierte en una metáfora de la propia vida humana. La vida es un camino, largo, impredecible y lleno de peligros, que cada uno de nosotros debe recorrer.

Para los indios navajo, como para muchas otras tribus, la metáfora constituye casi un artículo de fe. La preparación espiritual para la experiencia adulta hace hincapié en el viaje futuro. "Se denomina 'paseo' por el tiempo —escribió Gladys A. Reichard— al ciclo vital del hombre. El hombre recorre repetidamente una 'senda', simbolizada en las pinturas de arena y en los rituales. Un propósito muy importante del ritual es llevar al hombre por esta carretera de una manera segura y placentera, desde el nacimiento a la disolución."[16] Merece la pena observar que la propia carretera no está sujeta a cambio o mejora; el énfasis siempre consiste en proporcionar orientación y protección al viajero: líneas de polen de maíz definen el rastro futuro y garantizan la seguridad del viajero.

En términos metafóricos, "en el camino de la vida hacia su destino final, que le hará ser uno con el universo, el hombre se preocupa por mantener la armonía con todas las cosas, mediante la subsistencia y el reabastecimiento disciplinado de su propia especie [...]. El hombre por sí mismo no puede erradicar el error. En consecuencia, los seres del cielo, de la tierra, de las aguas subterráneas [...], todos ellos le ayudan o deben ser derrotados por un poder superior. Muchos hombres esperan obtener dicho poder mediante una manipulación adecuada; es decir, mediante técnicas mágicas".[17]

En rigor, el viaje de los navajo no es un peregrinaje que tiene como fin una experiencia trascendental; se trata de una experiencia cotidiana gobernada y protegida por ritos y precauciones. El hombre sigue los caminos que siguieron sus antecesores, caminos que conducen allí donde hay hierbas raras y de utilidad. Evitan todos los caminos asociados con la muerte. Conducen a altares y santuarios, a lugares de belleza natural y de buena caza. El indio navajo vuelve de su viaje —haya ocupado bien un día o toda su vida— con comida y recursos para la familia. Ha rendido tributo a las tumbas de sus ancestros, ha obedecido todos los mandatos y ha celebrado todos los ritos necesarios; y, sobre todo, se ha familiarizado con su paisaje natural y se ha convertido en un elemento armonioso dentro de él. El viaje ha hecho que sea un hombre más sabio y más informado; ha aprendido a saber aceptar el camino con todos sus peligros.

La interpretación de la carretera como una metáfora de nuestra trayectoria sobre la tierra ha tenido muchas variaciones. El odólogo de mentalidad científica explicaría la versión europea al señalar, de forma bastante correcta, que la naturaleza y la función del camino (o sendero) sufrió un cambio radical en el siglo XVII. Los individuos prósperos de la sociedad europea —los mercaderes, los funcionarios, la nobleza y los terratenientes adinerados— se habían acostumbrado a viajar bien a caballo o en carros y carruajes. El camino rural tradicional a menudo fue tosca e ineficazmente ensanchado y transformado en una carretera primitiva para vehículos, y a quienes viajaban a pie, progresivamente se los pasó a considerar personas de clase baja: eran lacayos, sirvientes, bandoleros y soldados de a pie,[18] individuos que se encontraban a los pies del orden social; en los textos críticos, 'pedestre' pasó a significar 'laborioso', 'común' y 'carente de estilo'.

El uso metafórico europeo de las palabras 'carretera', 'camino' o 'senda' hace hincapié en las dificultades que el caminante medio encontraba en el curso de su viaje por la vida. En este sentido, el uso más célebre lo encontramos en *El progreso del peregrino,* de John Bunyan.[19] Cristiano, el protagonista del libro, emprende un viaje especial no con el fin de satisfacer las necesidades cotidianas o cumplir con la tradición local, sino para alcanzar una meta lejana altamente deseable: la salvación. Como metáfora de la lucha del hombre por conseguir la redención, *El progreso del peregrino* constituye un análisis exhaustivo de la teología protestante: relato de un largo viaje por lo que en realidad era la Inglaterra del siglo XVII, describe de una forma vívida los obstáculos, tanto legales como topográficos, que hacían que todo viaje a pie fuera una empresa agotadora.

Mientras esas condiciones persistan, mientras el hombre o la mujer ordinarios tengan que enfrentarse a las humillaciones y complicaciones de viajar a pie, el mensaje metafórico de la obra de John Bunyan permanecerá vigente. Sin embargo, durante el último siglo y medio han tenido lugar dos avances: hemos producido un nuevo tipo de carretera y una nueva metáfora, una enorme red de autopistas bien asfaltadas y eficaces que llevan a cualquier destino imaginable. Al mismo tiempo, hemos dejado de creer ampliamente en una única meta religiosa aceptada universalmente, normalmente identificada con la cristiandad y la idea de la redención espiritual y de una vida más allá de la muerte; el cielo ya no es nuestro destino. Y una tercera interpretación está tomando forma: una multitud de carreteras, cada una de ellas con su propio destino, nos obliga a elegir, a tomar decisiones por nosotros mismos. El discurso del planeamiento, de la política en la esfera pública, recurre cada vez más a frases asociadas al camino, como "cruce de caminos", "callejón sin salida", "vías de acuerdo", "atasco", "ruta de colisión", *impasse* y *bypass*.

> "Dos caminos se bifurcaban en un bosque amarillo,
> Y apenado por no poder tomar los dos
> Siendo un viajero solo [...]".[20]

El poema "El camino no elegido" de Robert Frost tiene implicaciones que trascienden la experiencia individual. Habla acerca del dilema de vivir en un mundo donde ya no hay un único camino correcto, el camino real hacia la felicidad y el éxito, un sendero hacia la ciudad celestial. Cualquiera que sea el camino que tomemos, en última instancia

44

nos conducirá al angustioso momento de la decisión privada. Como le sucedió a Saulo de Tarso, puede que la carretera a Damasco se extienda ante nosotros, pero solo en el transcurso del viaje descubrimos nuestro verdadero destino.

Notas:

[1] Rykwert, Joseph, *On Adam's House in Paradise. The Idea of the Primitive Hut in Architectural History*, The Museum of Modern Art, Nueva York, 1972 (versión castellana: *La casa de Adán en el Paraíso*, Editorial Gustavo Gili, Barcelona, 1974).

[2] Anderson, Edgar, Plants, *Man, and Life*, Little, Brown, Boston, 1967, pág. 9.

[3] Ibíd., págs. 136-150.

[4] Ibíd.

[5] El autor utiliza la expresión inglesa *camp followers* que se refiere a todas aquellas personas que, sin pertenecer al ejército, como sucedía con los familiares de los soldados, lo acompañaban dondequiera que fuera [N. del T.].

[6] Thomas, William L., *et al.* (eds.), *Man's Role in Changing the Face of the Earth*, Chicago University Press, Chicago, 1960, pág. 766.

[7] Ibíd., pág. 767.

[8] Anderson, Edgar, *op. cit.*, pág. 146.

[9] Thomas, William L., *et al.* (eds.), *op. cit.*, pág. 777.

[10] Quinn, David B. (ed.), *North American Discovery, circa 1000-1612*, University of South Carolina Press, Charleston, 1971, págs. 103 y ss.

[11] Hawthorne, Nathaniel, *Main Street*, Houghton Mifflin, Boston, 1883.

[12] Cooper, James Fenimor, *The Pathfinder, or, The Inland Sea* [1840], Penguin Books, Nueva York, 1989 (versión castellana: *El buscador de pistas*, La Gaya Ciencia, Barcelona, 1981) [N. del Ed.].

[13] Hulbert, Archer Butler, *Indian Thoroughfares*, The A. H. Clark Company, Cleveland, 1902.

[14] Myer, William E., "Indian Trails of the Southeast", en *Forty-Second Annual Report of the Bureau of American Ethnology*, Smithsonian Institution, Washington D. C., 1924-1925, págs. 727-857.

[15] Hulbert, Archer Butler, *op. cit.*, pág. 49.

[16] Reichard, Gladys A., *Navaho Religion: A Study of Symbolism*, Princeton University Press, Princeton, 1974, pág. 37.

[17] Ibíd., pág. 49.

[18] El autor utiliza una serie de palabras compuestas con la palabra *foot* (pie) —*footman* (lacayo), *footboy* (sirviente), *footpad* (bandolero a pie) y *foot soldier* (soldado de a pie)— que no siempre ha podido mantenerse en castellano [N. del T.].

[19] Bunyan, John, *The Pilgrim's Progress* [1678-1684], Penguin Books, Londres, 1987 (versión castellana: *El progreso del peregrino*, Cátedra, Madrid, 2003) [N. del Ed.].

[20] "Two roads diverged in a yellow wood/And sorry I could not travel both/And be one traveler". Frost, Robert, *The Road not Taken* [1916], en *The Road not Taken, and Other Poems*, Dover Publications, Nueva York, 1993 (versión castellana: VV AA, *Antología de la poesía norteamericana*, Letras, Ciudad de México, 1952; reimpresión en Plaza & Janés, Barcelona, 1974) [N. del Ed.].